Jocel

heidi wassermann-dullnig
frauenseele

heidi wassermann-dullnig

frauenseele

gedanken auf geraden und

krummen zeilen

echter

Bibliografische Information der Deutschen Nationalbibliothek

Die Deutsche Nationalbibliothek verzeichnet diese Publikation
in der Deutschen Nationalbibliografie; detaillierte bibliografische
Daten sind im Internet über http://dnb.d-nb.de abrufbar.

© 2020 Echter Verlag GmbH, Würzburg
www.echter.de

Gestaltung: Crossmediabureau, Gerolzhofen
Druck und Bindung: Pressel, Remshalden

ISBN 978-3-429-05560-8

Das Buch in Ihren Händen will mit Ihnen fragen und zweifeln, fühlen und beten. Es enthält Worte, die um fünf Lebenslandschaften zwischen Himmel und Erde kreisen: Berufung, Wunden, Frauenfrage, Jahresringe und Gebet. Die Gedichte möchten dazu ermutigen, anzuschauen, was unfertig ist, zu benennen, was weh tut, und zu gestalten, was berührt. Mich haben diese Gedanken auf geraden und krummen Zeilen dazu angeleitet, mich selber besser zu lesen und ein Stück weit wesentlicher zu werden. Daher möchte ich sie mit Ihnen teilen – vielleicht werden sie auch für Sie zur Inspiration für einen barrierefreien und bedürfnisnahen Dialog mit Gott und sich selbst, mit den Menschen und der Kirche.

handwerkstatt

heute fange ich an

schreibe weltgeschichte
buchstabiere schicksale
übersetze horizonte

heute fange ich an
sammle verknüllte lebensknäuel
verknote zerbrochene fäden
stricke träume

heute fange ich an
male gottesbilder
zeichne glaubensspuren
spitze sinnesstifte

heute fange ich an

berufung

warten

noch
rief keiner an
im urwald des daseins
unerklärte wege
offenbaren
orientierungsgewirr
nur schweigen
jedes glied am körper
schreit nach
berufung
doch
noch
rief keiner an

grenzerfahrung

an den klippen stehen

stromausfall in der schaltzentrale
vernunftpause

mustern ein schnippchen schlagen
gefühlspause

scherben vorsichtig aufheben
angstpause

aufstehen
einatmen

schwindlig streichelt erschöpfte luft
die nasenlöcher

im vakuum beklemmender
atempause

reift der sprung
ins nichts

es trägt

ringen

sinnumklammert
fährt der weltenlauf
gegen die wand
unsinn überall
darf sein
muss sein
wo die vernunft
im überschall
zerstört
lebt
das nichts
sich zu tode
geh und such
antwort

start

aufbruch
macht loslassen
erzwingt neues
bedrängt muster
fragt frech
schließt horizonte
öffnet universen
atmet mut
fordert vertrauen
sucht eingemachtes
ruft zum gehen
lädt zum glauben
bricht auf
bruch

am anfang

flog davon
aus dem dunkeln
kehrte dem abgrund
den rücken zu
kroch weg vom
graben

nackt
verletzt
fröstelnd

suchte wild
das licht
widersetzte sich
dem sog der tiefe
zerkratzte sich
im gebüsch

sah das leben
die mitte
kam an
nach langem

und wusste
es stimmt
gott war
das wort

wageplan

heute nur mal kurz
anschauen was fremd ist
in den augen des ausländers
in den eigenen augen
sehschwächen

morgen nur mal kurz
mögen was unbequem ist
die anderen sprachen
die eigenen taubheiten
überhörtes

am dritten Tag
uferlos träumen wie jesus ist
zu denen am rand
zu mir
ihm entgegenschwimmen
nur mal kurz

wohnung

ruiniert
zerfetzt gekleidet
innerlich nackt
im seelenreaktor
obdachlos

dann der rabbuni

aufgebaut
bedeckte nacktheit
gebündelte energie
standhafte herberge
bewohntes ich

identität

formlose wurzeln
ranken in die erde
immer tiefer
immer weiter weg
von ihrem werden
immer näher hin
zu ihrem sein
gott düngt
formkreativ

sich buchstabieren

chaos schafft
ordnung

extrahierte gefühlswelten
benennen verwahrloste
wahrheit

worte schöpfen
zutiefst

profess

achterbahn
der gefühle
du ätzender ausdruck
du jämmerliches symptom
du unvermeidliche realität
achterbahn
der gefühle
ich will nicht
mitfahren
mit dir
doch die karte
ist längst
gelöst

entschiedenheit

nein rufen
zur fremdenhetze
ja sagen
zur verschiedenheit
nein rufen
zur eigenrotation
ja sagen
zum gegenüber
nein rufen
zum funktionieren
ja sagen
zur ganzheit
nein rufen
zur scheinheiligkeit
ja sagen
zum echten
nein rufen
ja sagen
stellt auf
bewährungsprobe

JESUSnachfolge

Jawort
Entwicklung
Suche
Unweg
Schmetterling

alles im gehen

ort der sehnsucht
zieht an
ort der fülle
zieht um
ort der wanderschaft
zieht aus
ort des reifens
zieht durch

wunden

unverschickter brief

lieber würdenträger
mit jedem deiner opfer
hast du mich verwundet
mein kind sein
mein mensch sein
meine unschuld
ans kreuz genagelt
ich schrie
du hast mich nicht gehört
ich weinte
du hast mich nicht getröstet
ich flehte
du hast mich nur verhöhnt
meine seele rang mit dem tod
du hast zugeschaut
mein körper lag zerstückelt da
der kleider beraubt
nackt
himmelverflucht entwürdigt
du bliebst
würdenträger

geringster

heimat
macht geborgen
ist warm
kostet nichts
liebt grenzenlos
gott ist
heimat
der flüchtling aber
macht angst
ist kalt
kostet viel
hasst grenzen
gott ist
der flüchtling

freundinfreund

bleikugel
du bist
innen hohl
mit bunten glasscherben

die mutter
die selber ging
zerbrach das glas

der vater
promilletrunken
verhärtete den wunschguss

bleikugel
du bist
innen hohl
mit bunten glasscherben

wirst du dich
noch einmal
auf gottes löffel
schmelzen lassen

pandemie

gevatter lauert an der türklinke
angstverschnürtes umherirren
behandschuhte distanzübungen
torkelnde zukunftsfantasien
alltagsleeres stachelkugeldenken
existenzgefangene sinnverseuchung
jedermann überall
wen holt gott heim

morgenzeitung

die krebstote vor der tür
das vergewaltigte mädchen nebenan
der anonyme hungernde weit weg
eine zu jeder mahlzeit
nebeneinander liegen sie
tot unterm kreuz
zum himmel schreiend
jesus
du verstehst
und bleibst
das kraftlose
fragezeichen
fragezeichen
fragezeichen
kein zeichen

flugzeugabsturz

sinn
wo bist du

im tod
kommt dort
antwort

die kleine puppe
liegt stumm
in fetzen

ihr kleid
voller blut

funkstille

burnout

draußen
lodern kurzatmig
grelle scheinflammen
im erfahlenden rampenlicht

drinnen
suchen zwei zittrige finger
ihr letztes zündholz
leere schachteltürme
verdunkeln sich
zur entwesentlichten mauer

kein herz brennt
in der erlöschten brust

glaubt ihr nicht

mitten am tag
kriegt die angst flügel
öffnet den käfig
entflieht
zieht eine lähmende bahn
durch den körper
landet am auge
pickt an der pupille
frisst lebensbilder
hinterlässt
graue erstarrung
mitten am tag

letzte stunde

endzeit
wenn alles tot wird
und alle tode
wieder lebendig

endzeit
wenn alle dunkelheit
vereint
weh tut

endzeit
wenn alles
was reif ist
zur ernte mahnt

endzeit
ist ahnung vom warten
das bald endet

totenschau

ein verletzter vogel
liegt am straßenrand
kämpft
ringt hechelnd
nach luft
bis jedes leben in ihm
verblasst
reglos schreit sein
fremdgewordener körper
nach auferstehung
die hoffnung
ausgespien
an seiner seite

allerseelen

im tränennebel
trauernder blätter
weidet der herbst
tod heißt sein hirte
winter sein stab
kein licht gibt
den müden mutterbäumen
noch futter
langsame erstarrung
mahnt zum gehen
dorthin wo alles aufhört
und vielleicht
der ewige hirte
schafe sucht
im tränennebel

am sarg

dröhnende lärmpauke
verschallt ertrunken
leises klopfen
mensch hört
nicht

blutzerkratzte fingernägel
suchen luftlöcher
todesentsetzte quellaugen
klagen an
mensch hört
nicht

nervenzuckende erstarrung
mundwinkeltote lippenleere
nie
nie mehr
nie mehr wieder
mensch hört
nicht auf

friedhoffnung

säuselndes grabsteingeflüster
umschleicht die totenwiese
ganz hinten lauscht ihm
eine kleine kirschblüte
träumt sich
in die dürren hände
einer witwe
erzählt ihr
dass sie morgen
kirsche sein wird
am baum
ihres erschaffers

was schwer fällt

verletzungen leben
wieder und wieder
nichts lindert das
unangeschaute weh

tränen leben
laut weinen
leise winseln
wüst schluchzen
trockenen auges
gefühlserfroren starren

leere leben
wenn das sehnen
im kaleidoskop
der gefühle verirrt
ausweglos spiegelt

fragen leben
kein wort wird antwort
keine frage zum zeichen
keine stille
stimmig

ängste leben
im nackten würgegriff
des unvertrauens
erlahmt langsam
jede zuversicht

trotzdem leben

fürsorge

wunde
du bist erkannt
darfst sein
wirst liebevoll gepflegt
immer tiefer
sieht mensch dich
redet mit dir
schützt dich
wie ein kind
verband für verband
kannst du zuwachsen
bis du eines tages
vielleicht
als vernarbte blume
am schlachtfeld des krieges
friedenszeugin wirst

frauenfrage

k(r)ampf

sonntag
frau drückt
die kirchenbank
mann drückt sich
am ambo aus
gottes wort
hat geschlecht
frau ist schlecht
frau wird schlecht
ungebändigte kampfeslust
duelliert sich mit demutszwang
mann predigt
frau schweigt
mann ist schlecht
mann wird schlecht
geschlechterkrampf
ich bin nicht würdig
doch sprich nur
ein wort
dann wird meine frauenseele
gesund

ursprung

als gott
in einer gebärmutter
mensch wurde
bebten
männergewalten
zitterten
machtgebäude
schrie
die welt in
geburtswehen
und gott
der herr
nährte sich
an einer
frauenbrust

reflexion

männer macht
macht erzittern
macht maskenbilder
angewachsen
macht berufungen
gehörlos
macht frieden
zur niederlage
nacht pflänzchen
manipulierbar
macht gleichberechtigung
lächerlich
macht gefühle
verhandelbar
macht geld
liebenswert
macht wahrheit
zum besitz
macht frauen
fallstricke
macht männern
ohnmacht
männer macht
keine macht

klerikalismus

an der albe
klebt schmutz

eine laiin
verhüllte damit
einen weiblichen körper

schmutziger albtraum

hirtinnenlied

gott mach aus mir
eine gute hirtin
gib mir kraft für die steilen pfade
gib mir mut für dunkle zeiten
gib mir sicherheit wenn mir bang wird
gib mir brot wenn mich der hunger packt
gib mir viel gespür für meine herde
gib mir freude daran sie zu begleiten
gib mir ruhe wenn unruhe aufkommt
und vor allem gott
gib mir einen platz
wo ich hirtin sein darf
auf deinen grünen auen

herr du weißt alles

petra die fels
zeigt gefühle
sagt ja aus angst
probiert wider die vernunft
sagt nein aus liebe
fischt seelen
erkennt das leben
zweifelt am abgrund
sagt nein aus angst
stirbt tode
sagt ja aus liebe
wird fels
die kirche baut

frauenfrage

im inneren gotteshaus
durchhuscht eine priesterin
ausgeblendete kirchenvisionen
überschreitet eine priesterin
erstarrte männerparagraphen
bekämpft eine priesterin
gottgewollt genannte klerusmühlen
erfährt eine priesterin
tief ergreifende bestimmung
beweint eine priesterin
ihre zukunfslosigkeit
im äußeren gotteshaus

als mann und frau schuf er sie
als priester und priesterin schuf er sie

ob gott sah dass es nicht gut war

jahresringe

erflammt

das licht
warm
zärtlich
zerbricht an kanten
flüchtet im dunkeln
sucht zutiefst
harrt aus
kennt schlitze
wartet geduldig
hofft immer
lügt nie
umspannt unendlich
ohne blackout

schwanger gehen

warten auf den monat
wenn noch nichts
passiert
niemandsland
warten auf den tag
wo aufbruch ist
als ganzes
grenzerfahrung
warten auf die stunde
wenn die wachsamkeit
belohnt wird
glockengeläute
warten auf das kind
wenn es kommt
bedürftig und zerbrechlich
wird alles neu

geburt

ohrengetöse
wolkenhektik
vollbetrieb

minute für minute
rund um die uhr

getösetaubheit
wolkenentzerrung
betriebsstörung

die uhr bleibt
zeitlos stehen

aus der letzten wehe
explodiert
die neue welt

heilige nacht

zerrieben
zerbrochen
zerschunden
tastet salbe

totgeschaut
totgehört
totgeredet
tastet puls

ermordet
erwürgt
erdrückt
tastet atem

zerstritten
zerrüttet
zerrissen
tastet bindung

mensch
tastet
liebe

eistraum

mein atemhauch
säumt ränder
grautöne strahlen
bestechend bunt
wasserblasen
fantasieren gefroren
leben erquillt
krachend
kufen entlocken
freudenpirouetten
ganz hinten
am schilfgürtel
erwartet eine eisblüte
zweifelnd
meinen kuss

wintermeer im niemandsland

bildvoll schimmerndes wasser
taucht barrierefrei die himmel

lieblich säuselnde wellen
berauschen sinnlich

bleiche sonnenstrahlen
schmunzeln lauwarm

streichelnde ruhe begegnet
pulsierender melancholie

strand im standby
atmet durch

irgendwo träumt eine möwe
vom dialog

doch die zeit
steht stumm

jahreswechsel

leben in fülle durchsaftet
sich definierend
den unbeschrifteten
jahresring
im urbaum

bahnhof

zwischen
wiedersehen und abschied
lieben und leiden

zwischen
ankunft und abfahrt
hoffen und sehnen

zwischen
bahnsteig und waggon
bleiben und gehen

im niemandsland
des wartens
nur bahnhof verstehen

trotzdem
weiterreisen

schaufenster

einen augenblick
huscht das
selbstvergessene spiel
eines kindes
in mein leben
und wird
ich

hoffnung

sie widerspricht allem wissen
trotzt jeder erfahrung
sie durchtastet sackgassen
schweigt oft zu lange
wie erlösend ein ton von ihr
zerbrechlich ist sie
zart und zärtlich zugleich
wie behutsam ihr tritt
sie kennt den pfad
trägt sanft
wie niemand

stillzeit

einfach
hunger haben
muttermilch trinken
schreien
weinen
schlafen
in die windel machen
wie ein baby
am göttlichen busen
einfach
mensch sein

lebenssaft

verdorrtes bunt erblüht
melodisches seitenspringen
geschüttet in seelenlächeln
tief verbotene zärtlichkeit
augenvolle sinnblicke
steinerucksack in wattemetamorphose
porengründliches rosarot
wasser fließt

w-frage

wenn
demaskiert und entschalt
an innerster front
sich wahr und heil
entwaffnet umfangen
werden ursprung und ziel
des seins
gewaltfrei eins
wenn
wie wäre wenn

mutfassung

aufsitzen
nach dem sturz
aufschauen
zum kreuz
aufatmen
gespür da
aufzählen
was zählt
aufmachen
was zu
von unten
aufstehen

himmelflug

gedankenwege aufspüren
zu gewagtem
weiterklettern
an alten ranken

dörfer
horizonte
welten
verschwimmen sehen

in vibrierenden höhen
wacklige schlussstriche
mit schrägen
gedankenstrichen
nahtlos in
neue rufzeichen
vereinen

plötzlich
kein seil
mehr brauchen

karabiner

am ende aller sehnsucht
wohnt im freien fall der fragen
das du
hat immer gewartet
ist unhaltbar
lässt los
ist unsagbar
hakt ein

gemeinschaftswerk

ein
ein ander
einander
ander
mit ein
mit ander
mit ein ander
miteinander
der ander ein mit
klebstofflos

erneuerung

erwachtes licht
im sonnenstrahl
sprießt liebe
in der die seele
trunken versinkt

wuchtige wolkenberge
versprechen
regenlandschaften
aus denen beherzt
pflänzchen sprießen

quirlige luftzüge
kitzeln
erlahmte flügel
die selbstvergessen
lächeln

urbare lebenserde
verkündet
dem gestern
übermütig
ein morgen

am ostermorgen

erstickt das strahlen des seins
alles haben

vergisst das selbstlose geben
alles gelten

strebt nichts mehr
nach mehr

und verliebt tanzt
das füllige leben
am gottleeren grab

wesentlich

leben durchwuchtet
alle schranken
lust streichelt
samtige freude
ganzheitlich
frau schafft neues
kopfgebilde
formen farbenfroh
weltskulpturen
kraftgewitter
huschen durchs
menschsein
donnern mutig
haben ziel

fata morgana

jenseits
erlernter pfade
prägender hügel
wissender berge
gefühlvoller wälder
ist das sein ganz da
unendlich angekommen
schreit die wüste einsam
durstig wie nie
nach einem du

oasen später
vereinte landschaft

ausblick

die winde wehn
kraft rauscht ins herz

lebenstrunken
säuft der moment

salzige haut
leckt vertrauen
am urbusen

einer schläft im sturm

freiheit im koffer

zwischen müssen und
glauben zu müssen
behutsam
das wollen
tasten können
es einpacken
mit dem nächsten zug
abreisen
ins wolkennichts

unter wasser

stimmungen fließen
beklemmt
geklemmt
verklemmt
entklemmt
schwimmversuche
wellenoptik
verschwommener blick
auf den grund

flughafengedanken

luftschloss
blas mich fort

fangende tragweite
wirbelndes atemgelächter
brausendes gewehr

todesbote
lebensquell

zarter beweger
ungestümer schöpfer

blas mich fort
trag mich heim

forever

ährenohren

schweigende luftsäulen
stehen still

flüsternder windhauch
zwirbelt lispelnd

rhythmsiche schwünge
laden zum tänzeln

lebhaftes rauschen
erfrischt schwankend

sturmalarm tost betäubend
durch die halme

todesangst schreit
gewaltvoll lärmend

gewitterrausch

der morgen danach
überhört tonlos
das gestern

alles windhauch

hängemattenzeit

luftblasen zählen
duft planschen
zehen wackeln
die muse küsst gut
sinnloszeit trinken
von grashalm zu
grashalm springend
die welt erkunden
halt schöpfen
in himmel und erde
traumvoll schweben

seelenverwandschaft

unverhofft ertauchen
deine gedanken
grundtief
mein fühlen
streicheln mich
erschreckend nahe
endlos zärtlich
machen mich wachsen
gleich einem pflänzlein
im mairegen
das bang
nach oben
reift
und geistumschlungen
fruchtbar wird

lilien am feld

gottes lebensblüten
brechen auf
leuchten sorglos schön
erwachsen himmelwärts
glühen lichterloh
lieben bunt
atmen sanft
duften ewig

gebet

frage

jesus
warst du
die todesträne
meines vaters
der erstickungskampf
meiner angst
die leblosigkeit
meiner liebe
die armut
meines selbstwertes
die finsternis
meiner sinnsuche
warst du das

zirkelgespräch

kreise ziehen
mich um mich drehen
drehen und drehen
schwindlig werden
zu mir kommen
bei mir sein
bleiben

aus meinem mittelpunkt

kreise ziehen
mich um dich drehen
drehen und drehen
im schwindlig werden
zu dir kommen
bei dir sein
bleiben

aus unserem mittelpunkt

konzentrische
kreise ziehen

joch

o gott sag doch
gestern abend
fühlte ich dich
so traurig
dass ich dich gerne
umarmt hätte
du hast viel verloren
in den letzten jahren
alles tapfer ertragen
weißt du was
wenn du wieder mal
so traurig bist
dann komm zu mir
ich umarme dich
wenn du willst
solange du willst

jahwe

flammende zweige
verschmelzen ekstatisch

schluchzender schrei
der eingeweide
nach ewigkeit

verweile doch
du ich im du

danach
zwei masken
liegen in der asche
neben dem
dornbusch

bin ich da
bist du da

schöpfungsleid

fruchtbar von gott
schlüsselblume
mistkäfer
elster
menschenbaby
gott von fruchtbar
ist wirklich alles
so schön
bei dir
gepflückte schlüsselblumen
zertretene mistkäfer
tote elstern
missbrauchte menschenbabies
fruchtbar von gott
gott von fruchtbar
vermehre
meinen glauben

samenkorn

kannst du
meine verzweiflung leben
mein suchen finden
meine angst berühren

kann ich
deine verzweiflung leben
dein suchen finden
deine angst berühren

zu zweit
geerdet
in den himmel
sterben

herbergsuche

nackt bin ich
o gott
ausgebrannt
vom tag
der woche
den monaten
nimm du mich
bei dir auf
gib mir zu essen
und zu trinken
lass mich
die geringste
deiner schwestern sein
in aller einfachheit
will ich bei dir
wohnen
o gott
der mich anzieht

unrast

kein pfad an mir vorbei
keine bewegung ohne mich
weißt du von mir
befrei mich von meiner unruhe
nagenden fragen
erklärungsversuchen
gefühlsunfällen
abwegen
wer bist du
stark
ewig unfassbar
leben will ich
fühlen und lieben
mit dir
du aber
meine tür
was heißt das
wohin
du totes inneres
willst du dass
gott dich
führen soll
mein brustkorb
stöhnt vor sehnsucht
nach deiner ruhe
ich mit dir
kein suchen mehr
kein ungeist
der mich umtreibt
nur du
gibt es das

bekenntnis

her und hingeben
will ich mich dir
unvoreingenommen
tief
waghalsig
mit allem
voll tränen
freudig
leidig
und manchmal
zweifelnd

mensch maria

dein mir geschehe
klingt so schwach
und wehrlos
nicht gut für eine frau
nicht gut für viele frauen
über lange zeit
dein ja
brachte das schlimmste
für eine mutter
das kind tot
was blieb dir
bereutest du je

kommunion

teilchen vergehen
ineinander
brot wird leib
leib macht schöpfung
wein wird blut
blut macht wachsen
ineinander sein ist
fusion

lauschen am meer

muschel
des lebens
sprich du
gott
durch sie
erzähl mir
vom eimer
den ich brauche
um weiter zu suchen
nach
muscheln
des lebens
im seegang
der welt

bist du

gott bist du einer
der mit mir ist
wenn ich aus der haut fahre
und keiner es weiß
wenn mein alles
zittert vor angst
und keiner es sieht
wenn mir der sinn
abhanden gekommen ist
und keiner es fühlt
wenn zweifel
mich würgen
und keiner sie hört
wenn ich weiter funktioniere
und selbst nicht weiß wie
gott bist du dann der eine
der mit mir ist
bist du mein du
das mein ich
mitten in meiner nacht
licht und sacht ins
morgen begleitet

bist du

zwischen müttern

maria

große ja-sagerin
vorbildliche hingeberin
vollrisikogläubige

maria
warst du nicht auch

besorgte schwangere
ängstliche frau
verletzbare menschin

einfach mutter
von jesus

wollknäuelmeditation

ruhe
suche ich
mehr als sonst
für dich und mich
und mich und dich
und den faden
der sich in den räumen
wo nur wir zwei wohnen
langsam aufzuwickeln
beginnt

schnittmenge

in mir
in dir
irgendwo
ein platz
dein und mein platz
unbeschreiblich
geschützt
warm
zärtlich
ein heiliges segment
irgendwo
in dir
in mir

UNmutsfürbitte

mutig sein ist
schauen
im dunkeln

mutig sein ist
ja sagen
zu mir

mutig sein ist
mich
laut ausdrücken

mutig sein ist
erstens tun
zweitens reden

und wenn
es not tut
umgekehrt

mutig sein ist
auch mal
unmutig sein

gott mach mich
UNmutig

vision

entrückt
das morgen suchen
kein pfad im heute
pflückt verboten
die liebende
sie war nicht
wollte doch immer werden
ein hoffnungsschimmer
spaltet fensterbalken
der verdunklung
mein gott
kein nichts
in dem du fehltest

inhalt